A LA MÉMOIRE

DE

ÉDOUARD BOYÉ

Sous-Lieutenant au 61ᵉ régiment d'infanterie,

Décédé à Toulon le 15 avril 1888.

A SON PÈRE ET A SA MÈRE.

A SA SŒUR QU'IL ADORAIT,

ET QUI, MALADE EN MÊME TEMPS QUE LUI, N'A PU LUI DONNER UN DERNIER BAISER.

La vie est un douloureux voyage ; la mort c'est le port.

Nous y trouverons Dieu et le bonheur éternel au milieu de tous ceux que nous avons aimés.

A LA MÉMOIRE

DE

ÉDOUARD BOYÉ

SOUS-LIEUTENANT AU 61ᵉ RÉGIMENT D'INFANTERIE.

Édouard Boyé, né à Schlestadt (Bas-Rhin), le 24 octobre 1864, fit ses études à Dijon et à Nice, où son père est Conservateur des Forêts, et les termina au Lycée Saint-Louis, à Paris.

Entré à l'École militaire de Saint-Cyr en 1885, il fut nommé, au mois d'octobre 1887, Sous-Lieutenant au 61ᵐᵉ Régiment d'Infanterie, en garnison à Toulon.

Après quelques mois de service, il fut atteint d'une fièvre typhoïde compliquée de méningite et, malgré les soins empressés, dévoués et affectueux, dont il fut entouré, il mourut à l'hôpital militaire de Saint-Mandrier, le 15 avril 1888, après quelques jours de maladie.

Arrêté par la mort au début de sa carrière, ce jeune officier n'a pu donner la mesure de ses belles et nobles qualités, mais ses nombreux amis et ses parents désolés savent à quel point il aimait son pays et combien d'énergie et de dévouement il aurait mis à son service ; ils savent aussi quels trésors de bonté, de tendresse et d'abnégation renfermait ce brave cœur si promptement éteint.

De toutes parts sont arrivés à sa malheureuse famille les témoignages de la plus vive et de la plus douloureuse sympathie.

Voici le texte de l'ordre du jour par lequel M. le Lieutenant-Colonel Vallat, commandant le 61ᵐᵉ Régiment, a annoncé aux tronpes la mort du Sous-Lieutenant Boyé :

Le Lieutenant-Colonel a la profonde douleur de porter à la connaissance du régiment la mort de M. le Sous-Lieutenant Boyé, décédé aujourd'hui à 3 heures 5o de l'après-midi.

Ce jeune officier, plein d'avenir, est cruellement enlevé au début même de la carrière qu'il avait embrassée avec tant de foi et d'enthousiasme.

Pendant le peu de temps qu'il a passé au 61ᵐᵉ, il a pu donner la mesure de sa valeur et montrer tout ce qu'il y avait de généreux dans cette nature d'élite.

Il laissa dans le corps des officiers, qui était heureux de le compter dans son sein, le souvenir d'un homme auquel son caractère élevé et ses grandes qualités de cœur attiraient toutes les sympathies ; des regrets unanimes l'accompagnent dans sa tombe.

Le mardi 17 avril, notre pauvre ami fut conduit au cimetière de Saint-Mandrier par son père et sa mère, accompagnés d'amis dévoués, de tout le corps d'officiers du 61ᵐᵉ, des soldats de sa compagnie et des agents forestiers du Var et des Alpes-Maritimes qui avaient tenu à donner à l'officier qu'ils avaient connu enfant ce suprême et précieux témoignage d'affection.

Après les prières de l'Église dites par M. l'Aumônier Roubaud, M. le Lieutenant-Colonel Vallat s'approcha de la tombe et prononça les paroles suivantes :

Avant de quitter la dépouille mortelle de notre infortuné camarade, je tiens à exprimer sur sa tombe la douloureuse et profonde émotion qui nous accable et à lui dire au nom du régiment un dernier adieu.

Je tiens surtout à exprimer à sa malheureuse famille, si cruellement éprouvée, la part bien grande que nous prenons à sa profonde affliction et tous les regrets que laisse parmi nous la perte de leur fils bien-aimé !

C'est avec une légitime fierté que nous avons vu venir dans nos rangs ce jeune officier qui frappait tout d'abord par sa physionomie franche et ouverte, par la distinction de sa personne, par son attitude digne et réservée, et dont l'âme noble et généreuse, le cœur ardent et dévoué répondaient si bien à son extérieur si charmant et si sympathique. Il disparaît au début même de la carrière qu'il avait embrassée avec tant de foi et d'enthousiasme.

Je le dis bien haut, M. Boyé faisait honneur au corps d'officiers du 61me.

Tous ses chefs, sans exception, se plaisaient à fonder sur lui les plus belles espérances et suivaient avec un vif intérêt le développement de cette nature d'élite.

Pendant le trop court espace de temps qu'il a passé au milieu de nous, il a su s'acquérir l'estime et l'affection de tous par ses belles qualités de cœur et d'esprit, par son zèle et son dévouement à accomplir ses devoirs.

Que n'est-il mort de la mort des braves ? sur un champ de bataille où il lui aurait été donné de verser son sang, pour ce pays d'Alsace qui l'a vu naître et qui ne pourra, hélas, recevoir son cercueil.

Dieu en a décidé autrement, nous devons nous incliner devant ses arrêts.

Ce qu'il a été comme fils, je le dirai dans ce seul mot que sa mère a prononcé à son lit de mort : « C'est le premier chagrin qu'il nous donne ».

Puissent nos regrets adoucir la douleur des siens. Son souvenir restera toujours parmi nous comme celui d'un bon et charmant camarade que nous aimions tous.

Au nom du régiment, au nom des officiers du 61me, reçois ici notre dernier adieu.

M. le Capitaine Tilloy, le chef immédiat de Boyé, prit alors la parole et dit :

Deux fois dans un mois la mort vient de frapper dans nos rangs ; impitoyable dans ses coups, elle vient d'enlever notre camarade Boyé à l'affection de tous.

Sorti de l'École militaire de Saint-Cyr, il y a à peine sept mois, Boyé s'était montré doué de qualités militaires sérieuses, dont la base se trouvait dans une solide éducation reçue dans une famille chrétienne.

D'un caractère ferme déjà bien accuse, d'une franchise simple et sans raideur, il accomplissait tous ses devoirs avec un zèle et une ponctualité remarquables ; d'un sens droit, il avait l'instinct militaire très développé et toutes ses pensées étaient consacrées à son métier qu'il adorait.

Son grand cœur songeait toujours à cette Alsace qui l'avait vu naître et qu'il rêvait de revoir au milieu de la victoire.

Boyé meurt loin de ce champ de bataille qu'il ambitionnait. Dieu a rappelé à lui cette belle âme, inclinons-nous devant sa divine volonté en songeant que, dans notre noble métier, la mort est toujours belle, car nous mourons pour la Patrie.

Si , dans un pareil malheur , il peut y avoir une consolation ou un adoucissement , la famille de notre camarade les trouvera dans l'expression de notre douloureuse sympathie et dans la solide affection que chacun de nous avait déjà vouée à ce bon camarade si regretté.

Le malheureux père s'approcha à son tour de la fosse béante et , dominant sa poignante douleur, il remercia avec effusion toutes les personnes présentes et pria MM. Vallat et Tilloy d'être auprès du Régiment tout entier l'interprète de la reconnaissance de la famille. Il ajouta ces paroles que nous avons retenues :

Je laisse provisoirement mon bien-aimé fils près de son drapeau et sous la garde de son régiment, mais, dès que l'Alsace sera reconquise, je le ramènerai ou sa famille le ramènera dormir sur la terre natale, près de ses pères qui ont été comme lui de bons et loyaux serviteurs de la France.

Dieu veuille protéger notre chère Patrie.

Lille Imp. L. Danel.